SOCIÉTÉ D'ANTHROPOLOGIE DE LYON

LE BOUDDHISME

SON HISTOIRE, SES DOGMES, SON EXTENSION ET SON INFLUENCE

SUR LES PEUPLES CHEZ LESQUELS IL S'EST RÉPANDU

CONFÉRENCE PUBLIQUE

FAITE DANS LE GRAND AMPHITHÉATRE DE LA FACULTÉ DES SCIENCES

LE 12 MARS 1882

PAR

L. DE MILLOUÉ

DIRECTEUR DU MUSÉE GUIMET

LYON

IMPRIMERIE A. STORCK

Rue de l'Hôtel-de-Ville, 78

1882

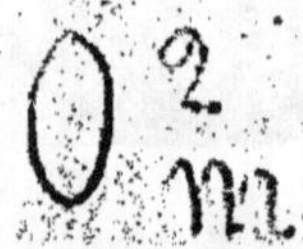

SOCIÉTÉ D'ANTHROPOLOGIE DE LYON

LE BOUDDHISME

SON HISTOIRE, SES DOGMES, SON EXTENSION ET SON INFLUENCE

SUR LES PEUPLES CHEZ LESQUELS IL S'EST RÉPANDU

CONFÉRENCE PUBLIQUE

FAITE DANS LE GRAND AMPHITHÉÂTRE DE LA FACULTÉ DES SCIENCES

LE 12 MARS 1882

PAR

L. DE MILLOUÉ

DIRECTEUR DU MUSÉE GUIMET

LYON

IMPRIMERIE A. STORCK

Rue de l'Hôtel-de-Ville, 78

1882

SOCIÉTÉ D'ANTHROPOLOGIE DE LYON

LE BOUDDHISME

SON HISTOIRE, SES DOGMES, SON EXTENSION ET SON INFLUENCE
SUR LES PEUPLES CHEZ LESQUELS IL S'EST RÉPANDU

CONFÉRENCE PUBLIQUE

Faite dans le Grand Amphithéâtre de la Faculté des Sciences, le 12 Mars 1882

PAR

L. DE MILLOUÉ
DIRECTEUR DU MUSÉE GUIMET

MESDAMES, MESSIEURS

L'anthropologie, vous le savez, est l'étude de l'homme. Mais pour
connaître l'homme il ne suffit pas de l'étudier au point de vue physique
et matériel, il faut aussi, il faut surtout, devrais-je dire, considérer en
lui l'être doué d'intelligence, de raison, puisque c'est là le plus beau
privilège de sa nature, la faculté merveilleuse qui le distingue de la
brute; il faut chercher en lui l'être susceptible de développement et de
perfectionnement, étudier les phases diverses de ce perfectionnement et
les causes matérielles ou morales qui l'ont aidé ou qui l'ont entravé.
Pour cela il est indispensable de connaître sa religion.

La religion, en effet, exerce une telle influence sur les mœurs, les
lois, le caractère des nations; elle est elle-même tellement influencée par
les climats et les races qu'il ne saurait y avoir un meilleur exposant de
la civilisation des peuples.

C'est à ce point de vue que notre Société l'a fait figurer dans le pro-
gramme de ses conférences.

Parmi les religions actuelles une des plus intéressantes est, sans contredit, le Bouddhisme. Il constitue tout un édifice de science physique très exacte, de métaphysique à la fois profonde et subtile, de mysticisme et de morale pratique, couronné par une organisation ecclésiastique aussi parfaite dans ses moindres détails que la plus parfaite des religions. Il a droit à toute notre attention par la profondeur et l'élévation de ses dogmes, par les principes de charité et d'amour du prochain qui sont la base de son enseignement, par l'importance de la réforme qu'il a opérée et par son immense extension dans tout l'Orient, où il compte plus de 360 millions d'adhérents, c'est-à-dire près du tiers de la population totale du globe.

Le bouddhisme fut une réforme à la fois politique et religieuse. Il prit naissance dans l'Inde dans un moment où la tyrannie et l'oppression de la loi des Castes étaient devenues aussi intolérables dans l'ordre civil que le dogme de la métempsychose éternelle dans l'ordre religieux. Seule la caste des Brahmanes détenait toute la puissance civile et religieuse et, si elle condescendait à abandonner quelques bribes de pouvoir temporel à la caste guerrière des Kshatryas en échange de ses services, elle conservait pour elle seule le privilège du repos final et éternel après les labeurs de l'existence. Il n'y avait que l'âme du Brahmane qui fût assez pure pour espérer se résoudre dans le sein de Brahma, le grand Tout, l'Ame universelle. Pour les autres, elles devaient recommencer sans cesse de nouvelles vies, passant suivant leurs vertus ou leurs vices dans des corps d'hommes ou d'animaux, ou même dans des végétaux, sans arriver jamais à la fin de leurs misères.

Cette prétention se dégage d'une façon très caractéristique du passage suivant du Ramayâna :

Un Soudra, c'est-à-dire un homme de la caste la plus basse, avait conçu l'ambition inconcevable de se délivrer de la métempsychose. Il s'était fait ermite, état éminemment favorable au salut, mais réservé seulement aux Brahmanes ; il avait étudié, prié, médité tant et si bien qu'il était sur le point de forcer la main aux dieux et d'entrer malgré eux dans le repos final. Indignés de tant d'audace, mais n'osant, je ne sais trop pourquoi, s'en prendre ouvertement au pieux Soudra, ceux-ci emploient un moyen détourné. Il font mourir, de mort subite, le fils unique d'un saint Brahmane. La vie du Brahmane était pure de tout reproche, aucune faute, aucune désobéissance aux rites sacrés ne l'avait souillée. Fort de sa bonne conscience il considérait la mort de son fils comme un véritable meurtre, vengeance des dieux irrités par quelque contravention aux saintes lois de Brahma. Il porte donc le cadavre de son fils au palais du roi, qui était alors le héros Rama, et lui dénonce un crime ignoré cause de la mort d'un Brahmane. Rama

s'empresse de se mettre en campagne et ne tarde pas à être instruit d
la conduite impertinente du Soudra ; il court à son ermitage, l'interrog
lui fait avouer sa caste, son ambition coupable et lui tranche la tête
Aussitôt le fils du Brahmane renaît à la vie. »

La réforme que le bouddhisme a opérée dans le monde Indien peu
se comparer à celle que, quelques siècles plus tard, le christianism
suscita dans le vieux monde romain. Comme le Christ, Bouddha est u
personnage réel, qu'il est facile de dépouiller du merveilleux inhérent
l'imagination orientale ; comme lui, c'est pour le peuple et par le peuple
au nom des grandes idées de liberté et d'égalité qu'il révolutionne un
société vermoulue.

Celui qui devait être le Bouddha naquit, vers 625 avant l'ère chrétienne, dans la petite ville de Kapila ou Kapilavastou, dans le Garakpour
à peu de distance de la cité de Bénarès. Il était fils de Çoudhodana, ro
des Çakyas et de la reine Maya-Dévi, renommée pour ses vertus non
moins que pour sa beauté merveilleuse. Il reçut le nom de Siddartha ou
Sarvathasidda, mais il est plus connu sous ceux de Çakya-Mouni
l'ascète des Çakyas et de Gautama, du nom patronymique de sa famille.
Quant aux expressions Sougatha, Tathagata, Bhagavat, nous pouvons
les traduire par le mot Seigneur.

Selon l'usage brahmanique, aussitôt après sa naissance, l'enfant fu
présenté aux Brahmes. Ceux-ci, après avoir examiné soigneusement son
corps, déclarèrent qu'il portait les 32 signes extérieurs révélateurs d'un
grand homme et qu'il serait ou un roi puissant et conquérant (Tchakra-
vartin), ou une Bénédiction pour le Monde, c'est-à-dire, un saint
religieux.

Comme presque tous les pères, le roi Çoudhodana aimait mieux voir
son fils roi que prêtre, et il se promit de diriger sa vocation dans ce
sens.

Le caractère du jeune prince était sombre et réfléchi ; il évitait les
jeux des compagnons de son âge et profitait de toutes les occasions pour
s'enfuir au fond de quelque bosquet, où il passait des journées entières
dans la méditation. Inquiet de ces symptômes et tourmenté par le sou-
venir de la prédiction des Brahmanes Çoudhodana ne trouva rien de
mieux pour guérir son fils de ces idées de retraite que de le marier dès
l'âge de 16 ans avec sa cousine, la belle Gôpa, fille du prince Dandapani.
Le remède réussit à merveille et pendant quelques années Siddartha
parut avoir oublié ses velléités d'ascétisme dans la société de sa char-
mante jeune femme et des beautés de son harem.

Mais tout d'un coup ses idées sombres reparaissent ; la chasse, les
jeux, les fêtes qui se succèdent sans interruption dans son palais n'ont
plus de charme pour lui ; il passe son temps à méditer sur les malheurs

de l'existence et les vices du monde. Enfin, le jour même ou Gôpa lui donnait un fils longtemps désiré, Siddartha quittait furtivement son palais au milieu de la nuit et allait rejoindre dans les bois les ascètes Brahmanes les plus en renom. Bientôt aussi savant que ses maîtres, mécontent de leur doctrine qui ne résout aucune des questions qui torturent son âme, il les quitte et se retire au fond de la forêt d'Ourouvella. Pendant sept ans il vit dans cette solitude, pratiquant le jeûne le plus rigoureux (si nous en croyons la légende, il ne mangeait qu'un seul grain de riz par jour) et méditant sur les moyens de sauver le monde et lui-même. Enfin la lumière luit dans son esprit, il a vu l'inanité et la vanité du monde matériel, il a trouvé le remède cherché, il est arrivé à la Bôdhi, à l'intelligence suprême, il est devenu Bouddha, c'est-à-dire sage parfait, et désormais on ne l'appellera plus que Çakya-Mouni, l'ascète des Çakyas. Il était âgé de 36 ans.

Il sort alors de sa retraite et se voit bientôt suivi d'une foule de disciples avides d'entendre sa parole. Toutes les classes de la société sont représentées dans ce groupe toujours grossissant, mais pour le nouveau prophète il n'y a plus de castes. La seule distinction qu'il admette est celle de la vertu et de la science. Princes, Brahmanes ou Parias sont égaux devant sa doctrine et, également couverts de la robe du moine, ils vont avec leur Maître, écoutant religieusement ses paroles, enseignant la foi nouvelle et mendiant la nourriture de chaque jour.

Pendant 45 ans Çakya-Mouni parcourt ainsi l'Inde avec ses disciples, sans souci du froid ni du chaud, prêchant la Bonne Loi, soignant les malades, consolant les affligés. Enfin étant arrivé à l'âge de 81 ans (environ 443 avant J.-C.) et sentant sa fin prochaine il réunit ses disciples, les exhorte à suivre fidèlement ses préceptes, les engage à lui soumettre, pendant qu'il en est temps encore, les doutes qu'ils peuvent avoir, et leur annonçant qu'il va bientôt les quitter, leur commande de se répandre, aussitôt après sa mort, dans l'univers entier pour y porter la bonne nouvelle du salut.

A la chute du jour, étant entré dans la ville de Koucinagara, il reçoit son dernier repas des mains d'un artisan, et sortant des murs il se retire à peu de distance dans un petit bois d'arbres Çala. Quoique tourmenté d'atroces souffrances, causées, dit-on, par une indigestion de chair de porc, il ne cesse pendant toute la nuit d'exhorter ses disciples ; puis, comme le jour allait paraître, s'étendant la tête tournée vers le nord sur une couche d'herbes qu'on lui avait préparée, il s'endort de son dernier sommeil, ou pour nous servir de l'expression bouddhique, *il entre dans Nirvâna.*

Voilà le fait historique de l'existence du Bouddha ; voyons maintenant ce qu'en a fait la légende.

Elle nous montre d'abord les Bodhisattvas (ceux qui aspirent au rang de Bouddhas qu'ils atteindront dans une nouvelle et dernière existence), tous les dieux et les génies du Panthéon Indien réunis dans le ciel Toushita autour du futur Bouddha. L'heure de sa dernière incarnation a sonné; il doit quitter les cieux pour descendre sur la terre que sa parole doit sauver de l'abîme du vice. Les dieux le prient de leur enseigner une dernière fois la Loi et de désigner son successeur. Le Tathagata y consent, leur développe longuement les principes de la foi bouddhique et désigne Maîtréya comme le continuateur de son œuvre une fois qu'il sera entré dans le Nirvâna.

Alors s'élève la grave question de savoir dans quelle famille Bhagavat doit naître. Chaque assistant a ses protégés, mais les dieux sont assez mauvaises langues et aucune race ne se trouve assez pure, ni assez vertueuse. A son tour, le futur Bouddha propose la famille des Çakyas ; le roi Çoudhodana est juste et bon, son épouse Maya est la perfection même et de plus c'est elle qui a été la mère du Tathagata dans ses 499 existences précédentes. L'aréopage divin convient que nulle famille ne mérite mieux l'honneur de donner naissance au Sauveur du monde.

Sous quelle forme va-t-il s'incarner ?

Conformément aux précédents suivis par les 24 Bouddhas ses prédécesseurs, il quittera le ciel Toushita sous la forme d'un jeune éléphant blanc aux défenses d'or pur.

Ceci réglé, les dieux se disputent à qui suivra le Tathagata sur la terre pour le servir, l'assister et lui tenir compagnie jusqu'au moment où il deviendra Bouddha. Ne pouvant se mettre d'accord ils conviennent de tirer au sort. Pendant ce temps, les Apsaras, ce sont les danseuses célestes, curieuses comme toutes les femmes, profitent de l'inattention des dieux et se hâtent de descendre sur la terre pour juger si réellement Maya est aussi belle qu'on le dit. Leur curiosité satisfaite elles remontent aux cieux, déclarant qu'elles seraient horriblement jalouses s'il ne s'agissait pas de la mère du futur Maître du monde.

Sur la terre, Maya est agitée par des songes ; elle demande à son époux de l'autoriser à faire une retraite qui calmera sans doute ces troubles étranges. Le roi accède à son désir et Maya s'enferme avec ses femmes dans ses appartements. Elle accomplit avec ferveur tous les rites prescrits en pareils cas et s'endort profondément. Dans son sommeil elle voit le ciel s'ouvrir et un jeune éléphant blanc descendre majestueusement et pénétrer dans son sein. Au réveil, effrayée et heureuse à la fois, elle envoie chercher le roi pour lui faire part de ce rêve. Celui-ci fait assembler 108 Brahmanes habiles à interpréter les songes, qui déclarent que ces signes présagent la naissance d'un enfant voué aux plus hautes destinées.

C'est dans le jardin Lumbini, au pied d'un arbre Plakcha, dont les branches s'abaissent d'elles-mêmes jusqu'à sa main, que Maya donne le jour à son fils. Toute la nature est en fête, toutes les fleurs s'épanouissent et les arbres se couvrent des fruits mûrs des différentes saisons. Les Apsaras reçoivent l'enfant dans un filet d'or et le remettent aux mains de Brahma qui, s'inclinant devant la reine, lui dit : « Soyez heureuse, ô Reine ! votre fils sera la bénédiction du monde ! »

Il remet alors l'enfant à Indra, qui lui-même le passe aux autres dieux, tous réunis là pour adorer le Sauveur. L'enfant s'échappe des mains qui le tiennent et faisant sept pas dans la direction de chacun des quatre points cardinaux, il s'écrie quatre fois d'une voix forte : « Il n'y a pas au monde d'être comparable à moi ! Je vais vivre ma dernière existence ! »

Je vous ai dit, tout à l'heure, la prédiction des Brahmanes réunis pour prononcer l'horoscope du jeune prince ; d'après la légende leur réponse est bien plus catégorique : ils prédisent qu'il se fera ermite s'il rencontre sur sa route un vieillard décrépit, un malade, un cadavre et un religieux.

Quelques jours après sa naissance le prince est présenté, selon l'usage, au temple des Dieux. Mais, ô prodige ! toutes les statues descendant de leurs piédestaux font trois fois le tour du héros en lui présentant toujours le côté droit et inclinent leurs fronts jusqu'à toucher ses pieds.

Quand on veut lui donner des maîtres, il se trouve qu'il est plus savant qu'eux, aussi bien dans les choses de l'esprit que dans les exercices de force et d'adresse.

Nous n'en finirions pas si je vous rapportais tous les épisodes de son enfance, de son mariage, et du tournoi scientifique, littéraire et guerrier dans lequel Siddartha devait recevoir pour prix de sa victoire la main de la belle Gôpa, que lui disputaient de nombreux rivaux. J'ai hâte d'arriver au fait capital de la légende, la rencontre des quatre objets qui doivent déterminer la vocation religieuse de Çakya-Mouni.

Pour déjouer l'effet de cette prédiction Çoudhodama avait enfermé son fils dans un palais entouré de sept enceintes. Des gardes veillaient à toutes les portes et de nombreuses patrouilles battaient continuellement le pays pour éloigner des yeux du prince tout ce qui pouvait avoir rapport à la redoutable prédiction. Mais un jour, Siddartha étant marié et paraissant guéri de toute velléité d'ascétisme la surveillance s'était peut être ralentie, le prince se rendait à une fête dans le voisinage

du palais son char croise un vieillard chargé d'ans, accablé d'infirmités
au corps tremblant, à la tête chauve. « Qu'est-ce cela ? demande-t-il
son cocher ? — Prince, c'est un vieillard. — Quel crime a-t-il donc
commis pour être dans un pareil état ? — Son crime est d'avoir vécu de
nombreuses années ; il subit la loi fatale de l'humanité, à laquelle vous-
même, ô prince, vous n'échapperez pas. » Siddartha vivement impres-
sionné donne l'ordre de rentrer au palais et pendant plusieurs jours
demeure plongé dans de sombres réflexions.

Quelque temps après il allait à la chasse. Sur le bord de la route, un
malade se tordait dans d'atroces douleurs. Siddartha n'avait jamais
connu la souffrance. Mêmes questions de la part du prince, mêmes
réponses du cocher et même retour précipité au palais.

A quelques jours de là, c'est à la porte même du Palais qu'il rencontre
un cadavre commençant à entrer en décomposition. Cette fois l'effet
fut plus sérieux encore et il lui fallut longtemps pour se remettre de
ces assauts répétés ; son esprit était profondément frappé de cette
fatalité de l'existence qui condamne à la douleur, à la décrépitude, à la
mort. Sur ces entrefaites et alors qu'il était encore sous l'impression
de ces trois rencontres, il voit un jour devant lui un homme vêtu d'un
manteau de bure, le bâton à la main, la besace sur l'épaule et dont les
traits respiraient le calme et la béatitude. A ses questions on répond
que c'est un religieux. Il rentre encore pour méditer et cette fois sa
résolution est prise, il se fera religieux. Bien entendu que ce sont les
dieux eux-mêmes qui ont pris les quatre formes prédites afin de
déterminer la vocation du Sauveur.

Le soir de ce même jour, Gôpa mettait au monde un fils et Siddartha
attendait le moment d'aller contempler l'enfant qu'il désirait depuis
13 ans. Les odalisques du harem s'efforçaient de dissiper, par leur
musique et leurs danses, le nuage répandu sur le front du maître, mais
celui-ci s'endort, peu à peu les danses cessent, les instruments se taisent
et vaincues par la fatigue, les odalisques s'endorment à leur tour.
Siddartha se réveillant tout d'un coup voit tous ces corps étendus dans
des postures diverses ; il croit voir un charnier et, plein de dégoût, sans
même essayer d'apercevoir son fils, il sort ; toutes les portes s'ouvrent
d'elles-mêmes, son cheval tout sellé se présente à ses yeux, il le monte
et se dirige vers les portes de la ville. Les dieux qui ont tout préparé les
ouvrent devant lui et il fuit, pour n'y jamais rentrer, le palais de ses
pères.

Après sa longue pénitence de sept ans, Siddartha sent qu'il va devenir
Bouddha, il vient s'asseoir au pied de l'ordre Bô (ficus religiosa) dans le
lieu de Bôdhimandi, sur le bord du Ganges. C'est là que tous ses prédécesseurs ont reçu la puissance et le rang de Bouddhas. Mara, l'esprit

du mal, vient le tenter. Il essaye contre lui la peur en se présentant entouré d'une armée innombrable, mais les traits dont ses soldats accablent le Bouddha ne peuvent arriver jusqu'à lui. Une force miraculeuse les arrêtent dans l'air ou ils forment une espèce de dais au dessus de la tête du héros. L'ambition ne réussit pas mieux; Çakya-Mouni reste insensible à l'offre de tous les royaumes de la terre. En désespoir de cause Mara essaye de la volupté ; il envoie auprès du Bouddha trois Apsaras irrésistibles; mais leurs charmes n'ont pas plus de pouvoir que les autres armes du tentateur.

Devenu Bouddha, Çakya-Mouni fait beaucoup de miracles; il se transporte instantanément par les airs d'un lieu à un autre; il se montre à la fois dans plusieurs lieux fort éloignés ; il se fait voir assis dans les airs et entouré de la multitude des dieux ; à sa volonté le jour remplace la nuit, ou le soleil éteint ses rayons et une ombre épaisse enveloppe le monde ; une lumière éblouissante aux rayons rouges, bleus, verts, jaunes et blancs émane de son corps et illumine tout l'univers ; devant lui les arbres se couvre de fleurs et les fruits naissent et mûrissent instantanément ; il fait jaillir à la fois de son corps des flammes dévorantes et des torrents d'eau glacée; il guérit les malades, etc. Quelquefois ses disciples obtiennent le même pouvoir, mais ce n'est que quand il les envoie à sa place et qu'il juge que ces prodiges seront utiles à la conversion des incrédules.

Considérés en eux-mêmes et dépouillés de toutes les subtilités dont les a entourés la métaphysique orientale, les dogmes du bouddhisme, tels que les a enseignés Çakya-Mouni, sont très simples. Il part de ce principe qu'il n'y a pas de créateur et pas de création ; le monde est éternel, il a existé de tout temps et existera toujours, seulement il passe, par la force même des affinités et des lois de la nature, par quatre périodes successives : état de formation, état de développement, état de déclin, état de destruction ; puis, après une époque de repos dans le chaos, l'éternelle succession recommence. Chacune de ces périodes a une durée de 84,000 ans; c'est ce qu'on appelle un Kalpa.

Ce principe, Çakya-Mouni ne le discute jamais, il le prend comme axiôme et base de tout son système, bien qu'il soit absolument contraire à toute la théogonie et la cosmogonie des Brahmanes. De là on peut supposer que le Bouddha ne fut pas un fondateur, mais seulement le vulgarisateur d'un système religieux déjà connu de son temps, auquel il aurait prêté l'appui de son éloquence et de sa conviction. Nous verrons du reste que lui-même se prétend le successeur d'autres Bouddhas dont il se vante d'enseigner la loi, en suivant religieusement les préceptes qu'ils ont posés. Quelle fut cette religion ? On l'ignore encore absolu-

ment, peut-être serait-ce le Jaïnisme que l'on a cru jusqu'à prése[nt]
dérivé du bouddhisme.

La religion bouddhique est éternelle comme le monde ; aussi s[on]
empyrée est-il peuplé de plus de 1,000 Bouddhas antérieurs à Çaky[a-]
Mouni. Les livres sacrés de Ceylan nous donnent les noms des 24 der[-]
niers. Chaque Kalpa a son Bouddha; Gautama est le troisième du mon[de]
actuel, nous sommes donc dans le Kalpa de déclin.

Le Bouddha ne s'explique pas sur la nature de l'âme; il admet, comm[e]
prouvé, qu'elle est immortelle ; souillée par le contact de la matière [il]
lui faut passer dans des séries de vies méritoires pour retrouver [sa]
pureté et avoir le droit d'entrer dans le repos final d'où elle ne sorti[ra]
plus. Si son existence a été pure, l'âme s'élève dans l'échelle des être[s]
si elle a été coupable, l'âme descend et peut renaître dans des cor[ps]
de démons ou d'animaux et, en punition des grands crimes, être préc[i-]
pitée dans l'un des huit enfers. Mais l'enfer n'est pas éternel ; une fo[is]
sa peine subie, l'âme pourra remonter les degrés de la création, [se]
réincarner, à la suite d'un certain nombre d'existences, dans le corps d'u[n]
homme, puis d'un génie, d'un Bodhisattva et enfin, après une derniè[re]
vie sous la forme humaine, entrer dans Nirvâna ou repos étern[el]
fin de toute existence. C'est le dogme de la métempsycose, que no[us]
trouvons également dans le Brahmanisme.

Ces divers degrés de la Métempsycose constituent ce que les boud[d-]
distes appellent les *dix mondes* :

1° Monde des Bouddas ou Nirvâna.
2° Monde des Bodhisattvas ou de Toushita.
3° Monde des Dieux ou de Brahma.
4° Monde des Génies ou des Nagas (serpents).
5° Monde des Hommes.
6° Monde des Génies inférieurs ou Asuras.
7° Monde des Démons Yakshas.
8° Monde des Démons affamés ou Prétas.
9° Monde des Animaux.
10° Mondes des Enfers.

Il ne faut pas confondre les 10 mondes avec les 10 quartiers de l'uni[-]
vers qui sont : Le nord, le sud, l'est, l'ouest, le nord-est, le nord-oue[st]
le sud-est, le sud-ouest, le zénith et le nadir. A chacun de ces dix poin[ts]
président des génies spéciaux qu'ont nomme les Maharâjas.

Le dogme fondamental de la religion bouddhique est compris dan[s]
quatre aphorismes que Çakya-Mouni a développés sous le nom d[e]
Quatre Excellentes Vérités, en sanskrit Aryani-Satyani : la Douleur,
Production, la Cessation, le Chemin.

1° La Douleur.

La douleur est inséparable de l'existence, donc l'existence est un mal et il faut supprimer l'existence.

2° La Production.

L'existence est produite par les passions et les mauvais désirs qui troublent l'âme et l'empêchent d'atteindre Nirvàna ; de plus les passions et les mauvais désirs, agissant avec les sens, donnent naissance à de nouveaux êtres. Donc il faut supprimer les passions et les mauvais désirs.

3° La Cessation.

L'extinction des passions et des mauvais désirs détruit la puissance des sens, donc plus de naissance de nouveaux êtres ; elle met fin à l'existence même du sage en lui ouvrant le Nirvàna.

4° Le Chemin.

Révélation de la voie ou des moyens qui conduisent à cette cessation.

Cette quatrième *Vérité Excellente* comprend huit *bons chemins* :

1° La bonne opinion ou orthodoxie.

2° Le bon jugement qui dissipe les doutes et les incertitudes.

3° La parfaite méditation ou les bons discours.

4° La bonne manière d'agir ou de garder dans toute action un but pur et honnête.

5° La bonne manière de vivre ou de gagner sa subsistance par des moyens honnêtes et sans s'exposer à la souillure du péché.

6° La bonne direction de l'intelligence qui conduit au salut final, littéralement *de l'autre côté de la rivière.*

7° La bonne mémoire qui permet à l'homme d'imprimer fortement dans son esprit ce qu'il ne doit point oublier.

8° La bonne méditation ou esprit tranquille qui n'est troublée par aucun événement.

La seule énonciation de ces préceptes indique que pour être sauvé il suffit d'avoir foi en la religion Bouddhique, d'en suivre les enseignements, ainsi que les principes de la morale universelle. Dans les grands dangers, quand il sent sa foi vaciller, le fidèle fait appel à la Trinité Bouddhique : Bouddha, Dharma et Sangha, le Bouddha, la Loi et l'Eglise. Les bonnes actions, telles que les aumônes, les soins aux malades, le zèle pour la propagation de la foi, la construction de monastères ou de temples et la méditation aident grandement à ce résultat ; la méditation surtout, car c'est par elle qu'on perçoit l'inanité des choses du monde matériel, le danger des passions et des désirs, et qu'on arrive finalement à se délaire de toute passion.

Mais le monde est plein de tentations ; bien fort est celui qui peut les éviter. Le dévot fermement résolu à faire son salut devra donc, pour éviter les occasions de pécher, se retirer du monde, en un mot, se faire prêtre ou moine. Çakya-Mouni n'impose pas la vie monastique comme condition absolue du salut, mais il la conseille comme présentant plus de garanties de réussite.

Les bouddhistes qui vivent dans le monde sont appelés *Oupasakas*, maîtres de maison, donneurs d'aumônes ; car c'est par les dons qu'ils offrent aux ascètes, autant que par leur foi, qu'ils gagnent leur salut.

Les disciples ascètes reçoivent le nom de Sramanas ou Bhikshous. Quand ils s'élèvent aux hauts rangs dans la confrérie, ils prennent celui d'Arrhats ou Rakans. Les Bodhisattvas sont ceux qui ont atteint le plus haut degré de sainteté ; une seule naissance leur est encore imposée avant d'arriver à Nirvâna. A ce moment deux voies s'ouvrent devant eux. S'ils veulent, poussés par la charité et l'amour du prochain, non seulement se sauver-eux mêmes, mais encore aider leurs frères à arriver avec eux au salut, ils deviendront Bouddhas parfaits, ce qui est le rang suprême et donne à l'homme arrivé à cette condition un pouvoir sans limites sur l'univers, dont il peut, à son gré, suspendre ou modifier les lois. Mais la tâche est ardue et bien peu se sentent le courage de suivre cette voie. Ceux qui se contentent de faire leur propre salut sans s'inquiéter des autres êtres, deviennent Pratyékas-Bouddhas. Ils atteignent Nirvâna, mais ne possédent pas le pouvoir supérieur des Bouddhas ; ils ne sont pas une *bénédiction pour le monde.*

J'ai employé plusieurs fois déjà le terme Nirvâna, il me semble qu'il est temps de définir cette expression.

Nirvâna est le Paradis des bouddhistes ; ce n'est pas un lieu particulier, mais seulement un état d'annihilation absolue des conditions et des maux de l'existence. Celui qui a obtenu Nirvâna ne peut plus renaître, il est délivré à jamais. Mais ce n'est pas un anéantissement comme l'ont prétendu certains auteurs et certaines sectes, car les Bouddhas conservent leur personnalité et continuent à veiller au salut des hommes et à la propagation de la foi.

Le bouddhisme n'a pas supprimé les dieux du brahmanisme ; il le fait figurer dans son panthéon, mais en les subordonnant aux Bouddhas et aux Bodhisattvas, en les soumettant à la naissance et à la mort. Ils peuvent demeurer 13 millions d'années dans leur patrie céleste, au bout desquelles ils seront obligés de redevenir hommes pour gagner le rang de Bouddhas.

Tels sont les dogmes qu'enseignait Çakya-Mouni ; sous beaucoup de points ils se rapprochent du Brahmanisme. Il respecte ses dieux en les soumettant seulement à l'homme divinisé par la science et la vertu.

Il est frappé des misères et surtout des maux de la vie, dans laquelle il ne voit que chagrin et douleur, maladie, décrépitude et mort; admettant le dogme de la métempsycose brahmanique, il cherche à délivrer l'homme de ce cercle sans fin et lui indique comme moyens la vertu, la pureté, la tempérance et la continence.

« Le bouddhisme a été la première religion qui s'adressa à l'humanité « tout entière. Çakya-Mouni, à force de réfléchir, étendit sa pensée sur « toutes les races de la terre, il sonda tous les infinis, dans le passé, « le présent et l'avenir. Préoccupé d'améliorer les hommes, il révéla la « solidarité de tous les êtres, rattacha l'homme à la nature et les dieux à « l'homme. Il pensa que des récompenses attendraient les bons et que « des châtiments seraient réservés aux méchants. Il voulut que l'homme « fût responsable de ses actes et des conséquence de ses actes, et par là « pénétrât dans l'éternité. Donc lui, le prince jeune, riche et beau, crut « pouvoir dire aux hommes de l'Inde, resserrés par les castes multi- « pliées : Nous sommes égaux et nous avons les mêmes droits et aussi « les mêmes devoirs. Suivez la *bonne loi* et vous arriverez à la perfection, « au bonheur, à la cessation des passions qui avilissent l'homme et le font « souffrir. » (E. Guimet. *Promenades Japonaises*, t. II, p. 171.)

Comme presque tous les fondateurs de religions, Çakya-Mouni n'a rien écrit ; partout où il se trouvait il développait sa doctrine sous for- me de sermons, de discours ou de conversations, s'efforçant toujours de la mettre à la portée de l'esprit de ses auditeurs. Après sa mort, ses disciples continuèrent à suivre cette méthode, rappelant et développant dans leurs prédications les enseignements de leur Maître et les appu- yant des exemples de sa vie. Mais au bout de quelque temps il se pro- duisit des divergences d'opinions et d'interprétations inséparables de la méthode d'enseignement par tradition orale, et ils sentirent le besoin de fixer sous une forme précise et immuable les dogmes de leur religion et les faits de l'existence de Çakya-Mouni. Ce fut le but des grands conciles dans lesquels fut arrêtée la rédaction du canon bouddhique, les *Tripithakas, les trois corbeilles,* nom qui vient sans doute de ce qu'on mettait dans des corbeilles les feuilles de palmier qui servaient de papier à écrire.

L'accord ne fut pas de longue durée et nous voyons naître de nom- breuses sectes ou écoles qui deviennent de véritables schismes. Le concile de Véçali, auquel prennent part 12,000 prêtres, ne réussit pas à unifier les dogmes de la religion nouvelle. Nous sommes au temps d'Açoka, le Charlemagne ou plutôt le Constantin de l'Inde ; le protecteur de la foi bouddhique ne pouvait pas assister sans inquiétude aux que- relles qui divisaient les membres de cette église qu'il voulait faire prédominer dans l'Inde. Par son ordre, dès que de nouvelles sectes

surgissent, elles sont obligées de venir défendre et soutenir leurs doctrines devant un synode; là le chef des dissidents discute avec le docteur
choisi pour défenseur des croyances réputées orthodoxes et la victoire
de l'un des champions entraîne *ipso facto* celle de son parti tout entier.
Les vaincus ont le choix de faire amende honorable en reconnaissant
et abjurant leur erreur, ou de devenir eux et tous leurs biens la pos-
session du vainqueur. S'ils refusent de se soumettre, la peine de mort sera
prononcée contre les hérétiques. Ce fait se présenta fréquemment et on
vit de nombreux monastères disparaître de la sorte.

Ces rigueurs n'empêchèrent pas, cependant, la formation d'une puis-
sante école qui reçut le nom de Mahâyâna ou du Grand Développement
(littéralement du Grand Véhicule) par opposition à l'école primitive qui
fut baptisée Hinayâna ou du Petit Développement (du Petit Véhicule).
Cet école, qui se répandit surtout dans le nord, donnait une importance
toute particulière à la méditation qu'elle mettait au dessus des bonnes
actions. Le mysticisme, l'extase, la magie, font partie de ses dogmes.
Elle invente de nouveaux Bouddhas, les Dyani-Bouddhas, ou Bouddhas
de contemplation, êtres imaginaires, supposés éternels, existant avant
toute formation du monde sans être toutefois des créateurs. Ce sont eux
qui inspirent les Manouschi-Bouddhas ou Bouddhas humains. Au des-
sous de ces divinités elle place les Dyani-Bodhisattvas, chargés de
veiller à la conservation et au fonctionnement du monde, ainsi qu'à la
propagation du bouddhisme. Le plus connu de ces Dyani-Bodhisattvas
est Avâlokiteçvara que nous retrouverons tout à l'heure en Chine, au
Japon et au Tibet.

D'après cette école le laïque ne peut, quelques vertus qu'il possède,
obtenir Nirvâna ; les prêtres seuls peuvent y arriver. Pour ne pas trop
décourager ses fidèles elle invente le paradis de Soukhavâti, lieu infé-
rieur au Nirvâna, où cependant le sage jouit de l'exemption de la naissance et de la mort. Soukhavâti, la contrée pure et heureuse, est situé
bien loin à l'ouest du monde ; c'est le lieu de bonheur relatif, que les
livres Mahâyâna décrivent avec les couleurs les plus séduisantes de la
palette orientale. Soukhavâti est un immense lac d'eau toujours pure et
fraîche, entouré de jardins délicieux ; de ce lac surgissent d'immenses
fleurs de lotus, aux mille couleurs, qui servent de trônes aux élus. L'air
y est tiède et embaumé du parfum des fleurs les plus exquises ; les
oiseaux les plus mélodieux le font retentir nuit et jour de leurs chants ;
des orchestres divins charment les oreilles des bienheureux, tandis
que leur vue est réjouie par les chœurs des danseuses célestes.
Le Dyani-Buddha Amitâbha préside à ce paradis. Il est du reste bon
enfant et tout disposé à ouvrir les portes de ce séjour à quiconque a
de la dévotion pour lui et invoque son nom au moment de la mort.

L'enfer est mis sous la garde du dieu Yama, dans les Védas ; c'est le dieu du feu caché, qui juge les morts et décide même du moment où l'existence de chaque homme doit finir. C'est lui qui désigne à l'âme la condition dans laquelle elle devra renaître.

Des luttes interminables s'engagèrent entre l'école Hinayàna et l'école Mahâyâna. Pour les mettre d'accord on fonda la secte ou école dite Madhyamika (du milieu), qui adopta et fondit les dogmes des deux autres en adoucissant ce qu'ils avaient de trop absolu.

A ce moment le bouddhisme dominait en maître dans l'Inde entière ; fort de l'appui du roi, il avait presque fait disparaître le brahmanisme et, se croyant sûr de son terrain, il commença à se répandre au-dehors, envoyant des missionnaires à la suite de toutes les caravanes qui partaient pour les pays adjacents. Mais Açoka meurt, son immense empire se démembre et profitant de cette occasion les brahmanes relèvent la tête, attisent les haines qui couvaient parmi les castes jadis privilégiées, reconquièrent par leur aide le terrain qu'ils avaient perdu, et commencent contre le bouddhisme une guerre de persécutions sanglantes qui aboutit à la complète expulsion des bouddhistes de l'Inde centrale. Ceylan, la Birmanie, Siam, le Cambodge leur donnent asile. Quelques proscrits vont même jusque dans les îles éloignées et fondent à Java une église qui fut un moment florissante, à en juger par les ruines de ses monuments. D'autres remontent au nord, sont arrêtés par les déserts de la Perse et après une station dans le Népaul franchissent les montagnes et vont porter leur religion et leurs arts dans la Chine, d'où elle passe bientôt au Japon et au Tibet.

Nous avons vu, tout à l'heure, que Çakya Mouni, sans imposer l'obligation d'embrasser l'état religieux, le conseille cependant aux dévots résolus à faire leur salut par les moyens les plus efficaces. Nous avons vu aussi, que de nombreux disciples, électrisés par son éloquence, avaient quitté le monde pour se faire ascètes. Celui qui demandait à faire partie de la confrérie des Bhikshous devait d'abord se soumettre à un noviciat plus ou moins long, puis, une fois qu'il était bien instruit des dogmes de la religion, on lui rasait la tête, on le revêtait d'une robe et d'un manteau de bure d'un brun rougeâtre et on lui remettait une écuelle de bois ou de fer (*patra* d'où le latin *patera*), dans laquelle il recevait les aumônes qui lui étaient données pour sa nourriture. Le religieux est donc, dès le début, un mendiant. Cette obligation de la mendicité découle de deux idées ; l'humilité, et la considération que le prêtre, voué à la prière et à la méditation, ne peut et ne doit pas s'occuper de questions matérielles ; il est donc du devoir du fidèle laïque de fournir aux besoins de ces saints personnages.

Etabli par Çakya Mouni lui-même, ce principe ne fit que se développer et arriva, sous l'influence des idées Mahâyâna, à l'extrême de son application. Etant donné le nombre toujours croissant de ceux qui embrassaient la vie ascétique ou monastique, cette coutume de la mendicité religieuse devint un véritable fléau pour les pays bouddhiques, absolument ruinés par ces « *bourdons de la société, créatures semblables aux teignes et autres insectes malfaisants, qui vivent du travail des autres sans se livrer eux-mêmes à aucune occupation honnête* », ainsi que les qualifie dans une de ses proclamations mensuelles un empereur de la Chine. Aujourd'hui encore la mendicité est restée, avec les offrandes données par les fidèles en rémunération des cérémonies faites sur leur demande, le principal revenu du clergé bouddhique, et les monastères, même les plus riches, ne manquent jamais d'envoyer des quêteurs dans les campagnes au moment des récoltes.

Il sera facile de se rendre compte de la charge que le clergé impose aux pays bouddhiques, par les quelques chiffres suivants : Au Japon, on compte 110.000 prêtres pour 23 millions de fidèles ; à Ceylan, 2.500 pour 2 millions d'habitants ; à Lhassa, dans le Tibet, douze couvents donnent asile à 18.500 moines ; à Tassisoudon, deux mille prêtres habitent dans le seul palais du Dharmarâja ; à Ladak, il y a 1 prêtre pour 13 laïques ; à Spiti, 1 pour 7. Je n'ai pas pu trouver de statistique officielle générale pour la Chine, on sait seulement qu'à Péking on compte 80.000 Lamas et Hoshangs, deux ordres de prêtres bouddhistes, dont plus de 2.000 réunis dans le couvent de Yung-ho-Kung ; dans la Mongolie orientale le monastère de Woo-taï contient plus de 700 prêtres résidents, sans compter la nombreuse population flottante des pèlerins et des moines errants.

Le moine ou le prêtre bouddhiste fait vœu de chasteté et d'obéissance à ses supérieurs ; il lui est interdit de manger de la viande et de boire du vin ou des liqueurs fermentées ; ses occupations consistent à chanter des psaumes, lire les livres sacrés, tourner des moulins à prières et accomplir les cérémonies du culte pour les naissances, les mariages et les funérailles. Quelques-uns s'occupent de l'instruction des novices, copient les écritures sacrées ou fabriquent les objets de sainteté, tableaux, statues, reliquaires, chapelets, etc., qui sont une des sources importantes de leurs revenus. On en voit quelquefois qui cultivent les jardins de leurs couvents, mais c'est très rare. Les bonzes se mêlent souvent de prédire l'avenir, ils sont astrologues, géomanciens, chiromanciens, alchimistes, etc. Tout cela leur est grassement payé par ceux qui ont recours à leur talent, surtout quand ils ont à faire des incantations ou des cérémonies pour détourner quelque mauvais présage ou quelque malheur qu'ils ont eux-mêmes lu dans l'avenir.

Il y a également des religieuses en assez grand nombre. Çakya-Moun résista longtemps à introduire les femmes dans la confrérie ; il fut pourtant vaincu par les supplications de pieuses converties au nombre desquelles se trouvaient, dit-on, son épouse Gôpa et sa tante Gaoutami, et surtout par les instances de son disciple favori, Ananda. Il créa donc l'ordre des Bhikshounis et, pour punir Ananda de son indiscrétion, ce fut lui qu'il chargea de l'instruction et de la direction du bataillon féminin.

Tant que vécut Çakya Mouni on ne trouve pas de traces de temples bouddhiques, bien qu'il y eût alors de nombreux temples brahmaniques. Mais, dès le début de sa carrière, nous remarquons de fréquentes citations de monastères. Çakya Mouni et ses disciples voyageaient pendant la belle saison, couchant dans les champs ou dans les villages et prêchant la Loi partout où ils trouvaient des auditeurs. Pendant la saison des pluies les Bhikshous prenaient leurs quartiers chez les habitants pieux des villes. Des rois, des particuliers, des villes donnaient au Bouddha des jardins et des terres et y élevaient des monastères (Viharas), dans le but de retenir auprès d'eux cette foule de religieux et de gagner par de tels dons le salut promis aux *donneurs d'aumônes*. Les monastères bouddhiques forment habituellement un quadrilatère, dont les côtés sont composés de bâtiments spacieux à l'usage des prêtres; il y a souvent sur chaque côté plusieurs rangées de constructions parallèles séparées par de grandes cours ordinairement plantées d'arbres. Le temple est presque toujours au centre du monastère, qui comporte encore une bibliothèque et une salle de réfectoire commune; quant aux appartements, ce sont tantôt des cellules habitées par un seul moine, tantôt de vastes dortoirs.

Il y a deux sortes de temples; les temples proprement dits et les Dagobas. Les Dagobas (Pagodes) sont des monuments ordinairement massifs élevés sur la tombe de quelque saint, ou destinés à servir de châsse à une relique. Les petits Dagobas prennent le nom de Stupas. Assez rares dans l'Inde, les Dagobas abondent en Chine et surtout au Japon, où on les fait servir à l'ornementation générale des parcs des couvents. Il s'y attache aussi une idée superstitieuse, on les considère comme des porte-bonheur; leur présence écarte les influences malfaisantes des éléments et des génies ennemis des hommes. Au Tibet, on en trouve le long de presque toutes les routes, surtout dans le voisinage des monastères, et souvent ils servent tout simplement de tronc pour recevoir les offrandes des voyageurs.

Les temples de l'Inde (*Chaityas*) ont dû être des édifices remarquables à en juger par la magnificence de leurs ruines. Ils se divisaient probablement en plusieurs chapelles ou salles séparées, consacrées chacune à un Bouddha ou à un Bodhisattva. Il n'est plus possible de se rendre compte de la disposition et du mobilier de ces salles. A Ceylan, la salle principale de chaque temple renferme toujours à la place d'honneur, au centre, trois statues colossales représentant le Bouddha dans ses trois états : debout, assis et couché.

Dans la Chine les temples sont en bois pour la plupart et au lieu de réunir toutes les chapelles dans un même édifice, on en fait une série de petits bâtiments séparés.

La place d'honneur, en Chine, est toujours réservée aux trois grandes statues qui figurent le Bouddha du temps passé, du présent et du futur. Au Japon, cette place est occupée par un Dagoba renfermant des reliques.

Les Bouddhistes sont grands amateurs de reliques. Fragments d'os, morceaux d'étoffe, rognures d'ongles ou de cheveux attribués au Bouddha ou à quelque saint, sont en grande vénération ; ils en portent sur eux dans de petits reliquaires ; ils en introduisent dans le corps des statues religieuses importantes et les administrent même sous forme de pilules dans les maladies graves. Naturellement il n'y a pas de temple qui ne possède quelque relique. On raconte qu'après la mort du Bouddha, quand ses disciples voulurent brûler son corps suivant la méthode indienne, la flamme ne dévora que les chairs; les ossements furent divisés en 84,000 parties et distribués comme reliques dans tous les pays bouddhiques ; chacune de ces reliques eut son temple. On connaît plusieurs de ces temples saints ; le plus remarquable de tous est le fameux temple de la Dalada ou *dent* de Bouddha, à Kandy (Ceylan) ; cette relique et son temple sont l'objet d'une vénération toute particulière dans le monde bouddhique.

Avant de quitter ce sujet j'ai à vous dire quelques mots sur certains objets employés dans le culte. C'est d'abord le *moulin à prière*; ce curieux instrument se compose d'une grosse bobine ou cylindre monté sur pivot, sur lequel s'enroulent des bandes de papier couvertes de prières ou de chapitres des livres sacrés écrits à la main ou imprimés. C'est ordinairement la prière mystique *Om-mani-padmé-houm ô le joyau dans le lotus Amen!* qui se trouve sur les petits cylindres, elle est répétée jusqu'à 4,000 fois. Il y a de grands cylindres qui contiennent des livres sacrés tout entiers. Dans certains temples on voit d'immenses cylindres mus jours et nuits par des chutes d'eau, par des hommes, ou par des moulins à vent. Quelquefois ils sont disposés en longues files le long des avenues des temples et chaque visiteur les fait tourner successivement tout en suivant sa route; il suffit pour les mettre en mouvement d'un simple frottement. Chaque révolution d'un cylindre grand ou petit équivaut à la récitation de toutes les prières ou à la lecture de tous les livres qu'il contient.

N'oublions pas le *cistre* à anneaux qui arme le bâton du moine men-

diant et dont les tintements appellent l'attention du fidèle ; le *vadjra*
ou foudre, qu'on voit entre les mains des Bouddhas, des Bodhisattvas et
des prêtres; le chapelet et les plaques sonores sur lesquelles on marque
d'un coup de marteau chaque prière récitée. Très lente d'abord la prière
se récite de plus en plus vite ; ce n'est plus qu'un murmure indistinct
ponctué par les coups précipités du marteau et chaque coup vaut une
prière. Voici du reste la description que donne M. Guimet, dans ses Promenades Japonaises, d'une séance de chapelet :

« Puis commence le chapelet sur la formule : Namou Amida Boutsou.
— Je me consacre au Bouddha Amida (Amitâbha). Chaque fois que la
phrase se dit, un grain passe entre les doigts des prêtres et l'officiant
donne un coup de marteau sur une petite cloche au son d'enclume.

« Le mouvement d'abord lent et solennel va toujours en s'accélérant,
comme chez les derviches hurleurs. Il arrive vite un moment où les
assistants ne peuvent plus prononcer, c'est un bredouillement sonore
dont le rhytme marqué par le timbre s'active de plus en plus.

« Encore plus vite, beaucoup plus vite et chaque coup va droit au cœur
d'Amida emportant le faisceau de prières esquissées par les prêtres. La
rapidité d'une machine à coudre utilisée pour sauver les âmes.

« Les chocs s'arrêtent subitement et le bourdonnement des versets
cesse instantannément.

« Cette précipitation dans la manière de dire le chapelet n'a pas pour
but d'en avoir fini plus tôt. Les bonzes ont assez le temps de réciter leurs
prières et de les bien prononcer. Mais il s'agit de faire comprendre, par
l'encombrement des versets et des syllabes, combien est grand le nombre des êtres qu'il faut secourir. Les mots se précipitent sur les lèvres,
comme les âmes à l'entrée des Paradis et la rapidité de la prononciation
aide à la facilité de la délivrance. »

Nous avons vu que le Bouddhisme pénétra en Chine, dès le milieu du
second siècle avant l'ère chrétienne, apporté par l'apôtre Dharmarâja ou
Thamo. Cette tentative échoua complètement et donna même lieu à une
persécution assez sérieuse. Cent ans plus tard de nouveaux essais furent
faits par les missionnaires hindous et le bouddhisme réussit à se glis-
ser furtivement dans cet empire. Simplement toléré jusqu'au 4ᵐᵉ siècle
il fut officiellement reconnu et autorisé sous le règne de l'empereur
Ming-ti. Plusieurs empereurs l'ont protégé ouvertement, mais la plupart, influencés par les idées Confucéennes, ont toujours blâmé, dans
leurs proclamations au peuple, annuelles ou mensuelles, le goût des
bouddhistes pour les images et surtout l'organisation de leur clergé. C'est
dans une de ces proclamations que j'ai recueilli la phrase cruelle que
je vous citais tout à l'heure. Malgré tout, cette religion a fait des progrès

rapides, elle est devenue essentiellement chinoise et nationale, grâce à la facilité avec laquelle elle accepte et adopte les croyances populaires. J'ai cherché à me rendre compte du nombre de ses adhérents en Chine ; certains auteurs lui donnent la moitié, d'autre les trois quarts de la population totale. Ces statistiques sont purement hypothétiques et conventionnelles. De tous les renseignements que j'ai recueillis il paraît certain que les Chinois suivent à la fois les trois religions dominantes dans leur pays : le Confucianisme, le Taouisme et le Bouddhisme, et, au lieu de faire des catégories que rien ne justifie, il serait peut-être plus juste de dire qu'ils sont tous plus ou moins bouddhistes.

Le bouddhisme chinois appartient au système Mahâyâna, qu'on appelle communément bouddhisme du nord. Son culte s'adresse de préférence à Çakya-Mouni (Fó), Amitâbha (O-mi-to-fuh), Manjusri, dieu de la sagesse, et surtout Avalokiteçvara qu'on appelle Kouan-yin. Il représente ordinairement ce Bodhisattva sous les traits d'une femme ; c'est le plus populaire de tous les Poosas. De nombreuses sectes se sont formées, mais elles ne diffèrent entre elles que par des questions de détails, interprétations de doctrines ou choix d'ouvrages sacrés. Une seule a un caractère tout particulier c'est celle de Woo-Wéi-Kéaou, qu'on appelle aussi secte du *pain et du thé*, parce que ce sont les seules choses qu'elle offre en sacrifice aux Bouddhas. Les Bouddhistes Woo-Wéi observent une abstinence absolue de tout ce qui a vie et sont rigoureusement légumistes; leurs prêtres peuvent se marier.

Le bouddhisme fut inconnu au Japon jusqu'au iv° siècle de notre ère; à cette époque l'impératrice Zin-Gou-Tennô ayant conquis la Corée, déjà convertie au bouddhisme, des prêtres de cette religion passèrent chez les conquérants et commencèrent à prêcher leurs doctrines. Bien accueilli dans le peuple dès le début, le bouddhisme obtint le droit de cité au vi° siècle et devint la religion dominante du pays. Aujourd'hui sur les 33 millions d'habitants du Japon, on compte 23 millions de Bouddhistes. Comme celui de la Chine le bouddhisme japonais est Mahâyâna. Il professe surtout une grande vénération pour Amitâbha, qu'il nomme Amida, et Avalokiteçvara qu'il appelle Kouan-no. Il se divise en 6 sectes principales et 30 sous-sectes, ayant au fond peu de différence entre elles. La secte Sin-siou cependant, n'impose pas la méditation et l'abstinence de la viande, permet à ses prêtres de se marier et ne demande aux fidèles, pour les mener à Soukhavâti, que de faire le bien, adorer Amida et suivre les lois du pays.

Le Tibet se convertit au bouddhisme au vii° siècle de notre ère, sous le règne du roi Thothotori. Tantôt protégée, tantôt persécutée par les souverains, cette religion prit au xiv° siècle, après la réforme de Tson-

Khapa, cette forme particulière qu'on appelle le Lamaïsme du nom de ses prêtres, les Lamas. A la suite d'une révolution le roi fut détrôné et le Dalaï-Lama, grand prêtre de Lhassa, réunit en ses mains le pouvoir spirituel et temporel. Le Dalaï-Lama passe pour une incarnation de Çakya Mouni et reçoit le nom de *Bouddha vivant*, aussi son pouvoir est-il immense et ses décisions absolument infaillibles. Quand un Dalaï-Lama meurt le Bouddha qui l'inspire passe dans le corps d'un autre personnage, ordinairement un enfant. Il se révèle par des prodiges et des miracles et désigne ainsi au choix du *chapitre* l'héritier du pouvoir souverain.

Ici aussi nous trouvons le bouddhisme Mahâyâna ; c'est du Népaul qu'il a passé au Tibet. Ses divinités préférées sont toujours Çakya-Mouni, Amitâbha et Avalokiteçvara qui prend le nom de Tchenrési. Ce dernier est le protecteur particulier du Tibet. Les lamas s'occupent beaucoup de divination et surtout d'astrologie ; ils pratiquent aussi la médecine et la chirurgie au plus grand détriment des patients qui leur tombent sous la main.

La population du Tibet est de 7 millions d'habitants, tous bouddhistes.

Quelle influence le bouddhisme a-t-il eue sur les différents peuples chez lesquels il s'est établi ? Nous pouvons répondre en toute assurance que son action a été des plus bienfaisantes. C'est une religion contemplative, douce, un peu triste et éclectique. Propagandiste par essence il convertit par le raisonnement et l'exemple, jamais par la force. Il s'approprie avec la plus grande facilité tout ce qu'il trouve de bon dans les religions qu'il côtoie et poussant même ce principe à l'extrême il ne fait aucune difficulté d'adopter et de placer dans son panthéon les dieux des nations chez lesquelles il s'implante, se contentant de les subordonner au Bouddha ; c'est ainsi qu'il a agi avec les dieux de l'Inde, ceux de la Chine et les Kamis du Japon. Causez avec un bouddhiste éclairé, il vous dira que les bienfaiteurs de l'humanité, les fondateurs de religion pure sont des Bouddhas ; il donnera ce titre à Jésus à Mahomet. Un prêtre de Nikko (Japon) fit à ce sujet une réponse très catégorique que M. Guimet rapporte dans le second volume de ses Promenades Japonaises ;

« Comme je lui demandais pourquoi le bouddhisme s'était fusionné si facilement avec toutes les religions des peuples chez lesquels il s'était introduit, il me répondit :

— Le bouddhisme accepte dans les autres croyances tout ce qui est grand, moral et bien, car le bien est toujours inspiré par le sacré cœur de Bouddha. Nous trouvons souvent chez les autres plus de vérités que nous n'en apportons; mais, répéta-t-il, tout ce qui est bien émane du sacré cœur de Bouddha. »

Ses missionnaires ont porté partout avec eux la littérature, la philosophie, les arts, les industries de l'Inde ; son culte aux cérémonies pompeuses a initié les peuples au luxe indien et créé chez eux des industries nouvelles; plus et bien mieux encore que les rares caravanes d'alors, il a rapproché les nations et contribué à la fraternité des peuples.

J'emprunte encore aux promenades Japonaises un passage très caractéristique de l'influence du bouddhisme au point de vue civilisateur, industriel et artistique :

« Lorsqu'arriva au Japon la première mission bouddhique, elle apporta avec elle des industries inconnues et qui étaient nécessaires à son culte, il lui fallait les riches étoffes sacerdotales, les vases sacrés en poteries et en bronze, les idoles dorées, les temples luxueux, et derrière les prêtres, s'avançaient des sculpteurs, des peintres, des tisseurs, des potiers, des fondeurs, des ciseleurs, des doreurs, toute une invasion d'industriels à tête rasée, d'artiste aux yeux baissés, d'ouvriers en frocs et en chasubles.

Ces gens étaient porteurs d'une double révélation: ils dévoilaient une foi nouvelle et, pour la rendre saisissable, ils enseignaient l'art sous ses manifestations les plus multiples ; les procédés industriels venaient concourir à l'expression de la pensée religieuse cachée sous la forme artistique. »

Le bouddhisme a un tel respect de l'existence, même des animaux, qu'il défend de manger de la viande, et si cette défense n'est pas rigoureuse pour les laïques, elle est absolue pour les prêtres. L'amour du prochain est sa loi la plus sacrée, puisque c'est par cette vertu seule qu'on peut arriver au rang de Bouddha parfait. Par ses princ'pes de chasteté et de continence il a moralisé les peuples sensuels de l'orient, comme il a élevé leur esprit en leur montrant au bout du chemin la lumière du salut acheté par une vie pure et méritoire. Aussi a-t-il exercé partout l'influence la plus heureuse, la plus civilisatrice, adoucissant les mœurs, réprimant la cruauté, même chez les hordes sauvages de la Mongolie et de la Sibérie. Et ce qui sera toujours sa gloire, c'est que, s'il a été souvent persécuté, il fut bien rarement persécuteur.

www.ingramcontent.com/pod-product-compliance
Lightning Source LLC
Chambersburg PA
CBHW071438030726
47594CB00006B/2763